THIS BOOK BELONGS TO

_____

_____

_____

INDEX

DATE	PAGE	SIGHTINGS

INDEX

DATE	PAGE	SIGHTINGS

INDEX

DATE	PAGE	SIGHTINGS
_____	_____	_____
_____	_____	_____
_____	_____	_____
_____	_____	_____
_____	_____	_____
_____	_____	_____
_____	_____	_____
_____	_____	_____
_____	_____	_____
_____	_____	_____
_____	_____	_____
_____	_____	_____
_____	_____	_____

INDEX

DATE	PAGE	SIGHTINGS

WATCHING LOG

Location _____   GPS _____

Date _____

Start Time _____   End Time _____

Weather

Temperature _____   Wind _____

Sightings _____

_____

Photo/Sketch

WATCHING LOG

Species _____   Quantity_____

Colors and Markings _____

_____

_____

_____

Habitat _____

Behavior_____

_____

_____

_____

_____

_____

Notes _____

_____

_____

_____

_____

_____

_____

_____

WATCHING LOG

Location _____   GPS _____

Date _____

Start Time _____   End Time _____

Weather

Temperature _____   Wind _____

Sightings _____

_____

Photo/Sketch

WATCHING LOG

Species _____   Quantity _____

Colors and Markings _____

_____

_____

_____

Habitat _____

Behavior _____

_____

_____

_____

_____

_____

Notes _____

_____

_____

_____

_____

_____

_____

_____

WATCHING LOG

Location _____   GPS _____

SUN	MON	TUES	WED	THURS	FRI	SAT

Date _____

Start Time _____   End Time _____

Weather

Temperature _____   Wind _____

Sightings _____

_____

Photo/Sketch

WATCHING LOG

Species _____   Quantity_____

Colors and Markings _____

_____

_____

_____

Habitat _____

Behavior_____

_____

_____

_____

_____

_____

Notes _____

_____

_____

_____

_____

_____

_____

_____

WATCHING LOG

Location _____ GPS _____

SUN	MON	TUES	WED	THURS	FRI	SAT

Date _____

Start Time _____ End Time _____

Weather

Temperature _____ Wind _____

Sightings _____

_____

Photo/Sketch

WATCHING LOG

Species _____   Quantity_____

Colors and Markings _____

_____

_____

_____

Habitat _____

Behavior_____

_____

_____

_____

_____

_____

Notes _____

_____

_____

_____

_____

_____

_____

_____

WATCHING LOG

Location _____   GPS _____

SUN	MON	TUES	WED	THURS	FRI	SAT

Date _____

Start Time _____   End Time _____

Weather

Temperature _____   Wind _____

Sightings _____

_____

Photo/Sketch

WATCHING LOG

Species _____   Quantity_____

Colors and Markings _____

_____

_____

_____

Habitat _____

Behavior _____

_____

_____

_____

_____

_____

Notes _____

_____

_____

_____

_____

_____

_____

_____

WATCHING LOG

Location _____   GPS _____

SUN	MON	TUES	WED	THURS	FRI	SAT

Date _____

Start Time _____   End Time _____

Weather

Temperature _____   Wind _____

Sightings _____

_____

Photo/Sketch

WATCHING LOG

Species _____   Quantity _____

Colors and Markings _____

_____

_____

_____

Habitat _____

Behavior _____

_____

_____

_____

_____

_____

Notes _____

_____

_____

_____

_____

_____

_____

_____

WATCHING LOG

Location _____   GPS _____

SUN	MON	TUES	WED	THURS	FRI	SAT

Date _____

Start Time _____   End Time _____

Weather

Temperature _____   Wind _____

Sightings _____

_____

Photo/Sketch

WATCHING LOG

Species _____   Quantity_____

Colors and Markings _____

_____

_____

_____

Habitat _____

Behavior _____

_____

_____

_____

_____

_____

Notes _____

_____

_____

_____

_____

_____

_____

_____

WATCHING LOG

Location _____   GPS _____

SUN	MON	TUES	WED	THURS	FRI	SAT

Date _____

Start Time _____   End Time _____

Weather

Temperature _____   Wind_____

Sightings_____

_____

Photo/Sketch

WATCHING LOG

Species _____ Quantity_____

Colors and Markings _____

_____

_____

_____

Habitat _____

Behavior _____

_____

_____

_____

_____

_____

Notes _____

_____

_____

_____

_____

_____

_____

_____

WATCHING LOG

Location _____   GPS _____

SUN	MON	TUES	WED	THURS	FRI	SAT

Date _____

Start Time _____   End Time _____

Weather

Temperature _____   Wind _____

Sightings _____

_____

Photo/Sketch

17

WATCHING LOG

Species _____   Quantity _____

Colors and Markings _____

_____

_____

_____

Habitat _____

Behavior _____

_____

_____

_____

_____

_____

Notes _____

_____

_____

_____

_____

_____

_____

_____

WATCHING LOG

Location _____   GPS _____

SUN	MON	TUES	WED	THURS	FRI	SAT

Date _____

Start Time _____   End Time _____

Weather

Temperature _____   Wind _____

Sightings _____

_____

Photo/Sketch

WATCHING LOG

Species _____   Quantity_____

Colors and Markings _____

_____

_____

_____

Habitat _____

Behavior_____

_____

_____

_____

_____

_____

Notes _____

_____

_____

_____

_____

_____

_____

_____

WATCHING LOG

Location _____ GPS _____

SUN	MON	TUES	WED	THURS	FRI	SAT

Date _____

Start Time _____ End Time _____

Weather

Temperature _____ Wind _____

Sightings _____

_____

Photo/Sketch

WATCHING LOG

Species _____   Quantity _____

Colors and Markings _____

_____

_____

_____

Habitat _____

Behavior _____

_____

_____

_____

_____

_____

Notes _____

_____

_____

_____

_____

_____

_____

_____

WATCHING LOG

Location _____   GPS _____

SUN	MON	TUES	WED	THURS	FRI	SAT

Date _____

Start Time _____   End Time _____

Weather

Temperature _____   Wind _____

Sightings _____

_____

Photo/Sketch

WATCHING LOG

Species _____   Quantity_____

Colors and Markings _____

_____

_____

_____

Habitat _____

Behavior _____

_____

_____

_____

_____

_____

Notes _____

_____

_____

_____

_____

_____

_____

_____

WATCHING LOG

Location _____   GPS _____

SUN	MON	TUES	WED	THURS	FRI	SAT

Date _____

Start Time _____   End Time _____

Weather

Temperature _____   Wind _____

Sightings _____

_____

Photo/Sketch

WATCHING LOG

Species _____   Quantity_____

Colors and Markings _____

_____

_____

_____

Habitat _____

Behavior_____

_____

_____

_____

_____

_____

Notes _____

_____

_____

_____

_____

_____

_____

_____

WATCHING LOG

Location _____   GPS _____

SUN	MON	TUES	WED	THURS	FRI	SAT

Date _____

Start Time _____   End Time _____

Weather

Temperature _____   Wind _____

Sightings _____

_____

Photo/Sketch

WATCHING LOG

Species _____   Quantity_____

Colors and Markings _____

_____

_____

_____

Habitat _____

Behavior_____

_____

_____

_____

_____

_____

Notes _____

_____

_____

_____

_____

_____

_____

_____

WATCHING LOG

Location _____   GPS _____

SUN	MON	TUES	WED	THURS	FRI	SAT

Date _____

Start Time _____   End Time _____

Weather

Temperature _____   Wind _____

Sightings _____

_____

Photo/Sketch

WATCHING LOG

Species _____   Quantity_____

Colors and Markings _____

_____

_____

_____

Habitat _____

Behavior_____

_____

_____

_____

_____

_____

Notes _____

_____

_____

_____

_____

_____

_____

_____

WATCHING LOG

Location _____ GPS _____

Date _____

Start Time _____ End Time _____

Weather

Temperature _____ Wind _____

Sightings _____

_____

Photo/Sketch

WATCHING LOG

Species _____   Quantity_____

Colors and Markings _____

_____

_____

_____

Habitat _____

Behavior_____

_____

_____

_____

_____

Notes _____

_____

_____

_____

_____

_____

_____

_____

WATCHING LOG

Location _____   GPS _____

Date _____

Start Time _____   End Time _____

Weather

Temperature _____   Wind _____

Sightings _____

_____

Photo/Sketch

WATCHING LOG

Species _____   Quantity_____

Colors and Markings _____

_____

_____

_____

Habitat _____

Behavior_____

_____

_____

_____

_____

_____

Notes _____

_____

_____

_____

_____

_____

_____

_____

WATCHING LOG

Location _____   GPS _____

SUN	MON	TUES	WED	THURS	FRI	SAT

Date _____

Start Time _____   End Time _____

Weather

Temperature _____   Wind _____

Sightings _____

_____

Photo/Sketch

WATCHING LOG

Species _____   Quantity_____

Colors and Markings _____

_____

_____

_____

Habitat _____

Behavior_____

_____

_____

_____

_____

_____

Notes _____

_____

_____

_____

_____

_____

_____

_____

WATCHING LOG

Location _____   GPS _____

SUN	MON	TUES	WED	THURS	FRI	SAT

Date _____

Start Time _____   End Time _____

Weather

Temperature _____   Wind _____

Sightings _____

_____

Photo/Sketch

WATCHING LOG

Species _____   Quantity_____

Colors and Markings _____

_____

_____

_____

Habitat _____

Behavior _____

_____

_____

_____

_____

_____

Notes _____

_____

_____

_____

_____

_____

_____

_____

WATCHING LOG

Location _____   GPS _____

SUN	MON	TUES	WED	THURS	FRI	SAT

Date _____

Start Time _____   End Time _____

Weather

Temperature _____   Wind _____

Sightings _____

_____

Photo/Sketch

WATCHING LOG

Species _____   Quantity_____

Colors and Markings _____

_____

_____

_____

Habitat _____

Behavior _____

_____

_____

_____

_____

_____

Notes _____

_____

_____

_____

_____

_____

_____

_____

WATCHING LOG

Location _____   GPS _____

SUN	MON	TUES	WED	THURS	FRI	SAT

Date _____

Start Time _____   End Time _____

Weather

Temperature _____   Wind _____

Sightings _____

_____

Photo/Sketch

WATCHING LOG

Species _____   Quantity_____

Colors and Markings _____

_____

_____

_____

Habitat _____

Behavior _____

_____

_____

_____

_____

_____

Notes _____

_____

_____

_____

_____

_____

_____

_____

WATCHING LOG

Location _____ GPS _____

SUN	MON	TUES	WED	THURS	FRI	SAT

Date _____

Start Time _____ End Time _____

Weather

Temperature _____ Wind _____

Sightings _____

_____

Photo/Sketch

WATCHING LOG

Species _____   Quantity_____

Colors and Markings _____

_____

_____

_____

Habitat _____

Behavior_____

_____

_____

_____

_____

_____

Notes _____

_____

_____

_____

_____

_____

_____

_____

WATCHING LOG

Location _____   GPS _____

SUN	MON	TUES	WED	THURS	FRI	SAT

Date _____

Start Time _____   End Time _____

Weather

Temperature _____   Wind _____

Sightings _____

_____

Photo/Sketch

45

WATCHING LOG

Species _____   Quantity_____

Colors and Markings _____

_____

_____

_____

Habitat _____

Behavior _____

_____

_____

_____

_____

_____

Notes _____

_____

_____

_____

_____

_____

_____

_____

WATCHING LOG

Location _____   GPS _____

SUN	MON	TUES	WED	THURS	FRI	SAT

Date _____

Start Time _____   End Time _____

Weather

Temperature _____   Wind _____

Sightings _____

_____

Photo/Sketch

47

WATCHING LOG

Species _____   Quantity_____

Colors and Markings _____

_____

_____

_____

Habitat _____

Behavior_____

_____

_____

_____

_____

_____

Notes _____

_____

_____

_____

_____

_____

_____

_____

WATCHING LOG

Location _____ GPS _____

| SUN | MON | TUES | WED | THURS | FRI | SAT |

Date _____

Start Time _____ End Time _____

Weather

Temperature _____ Wind _____

Sightings _____

_____

Photo/Sketch

49

WATCHING LOG

Species _____   Quantity_____

Colors and Markings _____

_____

_____

_____

Habitat _____

Behavior _____

_____

_____

_____

_____

_____

Notes _____

_____

_____

_____

_____

_____

_____

_____

WATCHING LOG

Location _____   GPS _____

SUN	MON	TUES	WED	THURS	FRI	SAT

Date _____

Start Time _____   End Time _____

Weather

Temperature _____   Wind _____

Sightings _____

_____

Photo/Sketch

WATCHING LOG

Species _____   Quantity _____

Colors and Markings _____

_____

_____

_____

Habitat _____

Behavior _____

_____

_____

_____

_____

_____

Notes _____

_____

_____

_____

_____

_____

_____

_____

WATCHING LOG

Location _____   GPS _____

Date _____

Start Time _____   End Time _____

Weather

Temperature _____   Wind _____

Sightings _____

_____

Photo/Sketch

WATCHING LOG

Species _____   Quantity_____

Colors and Markings _____

_____

_____

_____

Habitat _____

Behavior _____

_____

_____

_____

_____

_____

Notes _____

_____

_____

_____

_____

_____

_____

_____

WATCHING LOG

Location _____   GPS _____

SUN	MON	TUES	WED	THURS	FRI	SAT

Date _____

Start Time _____   End Time _____

Weather

Temperature _____   Wind _____

Sightings _____

_____

Photo/Sketch

WATCHING LOG

Species _____   Quantity_____

Colors and Markings _____

_____

_____

_____

Habitat _____

Behavior_____

_____

_____

_____

_____

Notes _____

_____

_____

_____

_____

_____

_____

_____

WATCHING LOG

Location _____   GPS _____

SUN	MON	TUES	WED	THURS	FRI	SAT

Date _____

Start Time _____   End Time _____

Weather

Temperature _____   Wind _____

Sightings _____
_____

Photo/Sketch

57

WATCHING LOG

Species _____   Quantity_____

Colors and Markings _____

_____

_____

_____

Habitat _____

Behavior _____

_____

_____

_____

_____

_____

Notes _____

_____

_____

_____

_____

_____

_____

_____

_____

WATCHING LOG

Location _____ GPS _____

SUN	MON	TUES	WED	THURS	FRI	SAT

Date _____

Start Time _____ End Time _____

Weather

Temperature _____ Wind _____

Sightings _____

_____

Photo/Sketch

WATCHING LOG

Species _____ Quantity _____

Colors and Markings _____

_____

_____

_____

Habitat _____

Behavior _____

_____

_____

_____

_____

_____

Notes _____

_____

_____

_____

_____

_____

_____

_____

WATCHING LOG

Location _____ GPS _____

Date _____

Start Time _____ End Time _____

Weather

Temperature _____ Wind _____

Sightings _____

_____

Photo/Sketch

WATCHING LOG

Species _____   Quantity_____

Colors and Markings _____

_____

_____

_____

Habitat _____

Behavior_____

_____

_____

_____

_____

_____

Notes _____

_____

_____

_____

_____

_____

_____

_____

WATCHING LOG

Location _____   GPS _____

Date _____

Start Time _____   End Time _____

Weather

Temperature _____   Wind _____

Sightings _____

_____

Photo/Sketch

WATCHING LOG

Species _____   Quantity_____

Colors and Markings _____

_____

_____

_____

Habitat _____

Behavior _____

_____

_____

_____

_____

_____

Notes _____

_____

_____

_____

_____

_____

_____

_____

WATCHING LOG

Location _____   GPS _____

Date _____

Start Time _____   End Time _____

Weather

Temperature _____   Wind _____

Sightings _____

_____

Photo/Sketch

65

WATCHING LOG

Species _____   Quantity_____

Colors and Markings _____

_____

_____

_____

Habitat _____

Behavior_____

_____

_____

_____

_____

_____

Notes _____

_____

_____

_____

_____

_____

_____

_____

WATCHING LOG

Location _____   GPS _____

SUN	MON	TUES	WED	THURS	FRI	SAT

Date _____

Start Time _____   End Time _____

Weather

Temperature _____   Wind _____

Sightings _____

_____

Photo/Sketch

WATCHING LOG

Species _____   Quantity_____

Colors and Markings _____

_____

_____

_____

Habitat _____

Behavior _____

_____

_____

_____

_____

_____

Notes _____

_____

_____

_____

_____

_____

_____

_____

WATCHING LOG

Location _____   GPS _____

SUN	MON	TUES	WED	THURS	FRI	SAT

Date _____

Start Time _____   End Time _____

Weather

Temperature _____   Wind _____

Sightings _____

_____

Photo/Sketch

69

WATCHING LOG

Species _____   Quantity_____

Colors and Markings _____

_____

_____

_____

Habitat _____

Behavior _____

_____

_____

_____

_____

_____

Notes _____

_____

_____

_____

_____

_____

_____

_____

WATCHING LOG

Location _____   GPS _____

Date _____

Start Time _____   End Time _____

Weather

Temperature _____   Wind _____

Sightings _____

_____

Photo/Sketch

WATCHING LOG

Species _____   Quantity_____

Colors and Markings _____

_____

_____

_____

Habitat _____

Behavior _____

_____

_____

_____

_____

Notes _____

_____

_____

_____

_____

_____

_____

WATCHING LOG

Location _____   GPS _____

Date _____

Start Time _____   End Time _____

Weather

Temperature _____   Wind_____

Sightings_____

_____

Photo/Sketch

73

WATCHING LOG

Species _____   Quantity_____

Colors and Markings _____

_____

_____

_____

Habitat _____

Behavior _____

_____

_____

_____

_____

_____

Notes _____

_____

_____

_____

_____

_____

_____

_____

WATCHING LOG

Location _____ GPS _____

SUN	MON	TUES	WED	THURS	FRI	SAT

Date _____

Start Time _____ End Time _____

Weather

Temperature _____ Wind _____

Sightings _____

_____

Photo/Sketch

WATCHING LOG

Species _____   Quantity_____

Colors and Markings _____

_____

_____

_____

Habitat _____

Behavior _____

_____

_____

_____

_____

_____

Notes _____

_____

_____

_____

_____

_____

_____

_____

_____

WATCHING LOG

Location _____   GPS _____

SUN	MON	TUES	WED	THURS	FRI	SAT

Date _____

Start Time _____   End Time _____

Weather

Temperature _____   Wind _____

Sightings _____

_____

Photo/Sketch

WATCHING LOG

Species _____   Quantity_____

Colors and Markings _____

_____

_____

_____

Habitat _____

Behavior_____

_____

_____

_____

_____

_____

Notes _____

_____

_____

_____

_____

_____

_____

_____

WATCHING LOG

Location _____   GPS _____

SUN	MON	TUES	WED	THURS	FRI	SAT

Date _____

Start Time _____   End Time _____

Weather

Temperature _____   Wind _____

Sightings _____

_____

Photo/Sketch

WATCHING LOG

Species _____   Quantity_____

Colors and Markings _____

_____

_____

_____

Habitat _____

Behavior _____

_____

_____

_____

_____

_____

Notes _____

_____

_____

_____

_____

_____

_____

_____

WATCHING LOG

Location _____   GPS _____

SUN	MON	TUES	WED	THURS	FRI	SAT

Date _____

Start Time _____   End Time _____

Weather

Temperature _____   Wind _____

Sightings _____

_____

Photo/Sketch

WATCHING LOG

Species _____   Quantity_____

Colors and Markings _____

_____

_____

_____

Habitat _____

Behavior _____

_____

_____

_____

_____

_____

Notes _____

_____

_____

_____

_____

_____

_____

_____

WATCHING LOG

Location _____   GPS _____

| SUN | MON | TUES | WED | THURS | FRI | SAT |

Date _____

Start Time _____   End Time _____

Weather

Temperature _____   Wind _____

Sightings _____

_____

Photo/Sketch

WATCHING LOG

Species _____ Quantity_____

Colors and Markings _____

_____

_____

_____

Habitat _____

Behavior_____

_____

_____

_____

_____

Notes _____

_____

_____

_____

_____

_____

_____

_____

WATCHING LOG

Location _____   GPS _____

SUN	MON	TUES	WED	THURS	FRI	SAT

Date _____

Start Time _____   End Time _____

Weather

Temperature _____   Wind _____

Sightings _____

_____

Photo/Sketch

85

WATCHING LOG

Species _____   Quantity _____

Colors and Markings _____

_____

_____

_____

Habitat _____

Behavior _____

_____

_____

_____

_____

Notes _____

_____

_____

_____

_____

_____

_____

_____

WATCHING LOG

Location _____   GPS _____

Date _____

Start Time _____   End Time _____

Weather

Temperature _____   Wind _____

Sightings _____

_____

Photo/Sketch

WATCHING LOG

Species _____   Quantity_____

Colors and Markings _____

_____

_____

_____

Habitat _____

Behavior_____

_____

_____

_____

_____

_____

Notes _____

_____

_____

_____

_____

_____

_____

_____

_____

WATCHING LOG

Location _____   GPS _____

SUN	MON	TUES	WED	THURS	FRI	SAT

Date _____

Start Time _____   End Time _____

Weather

Temperature _____   Wind _____

Sightings _____

_____

Photo/Sketch

WATCHING LOG

Species _____   Quantity_____

Colors and Markings _____

_____

_____

_____

Habitat _____

Behavior_____

_____

_____

_____

_____

Notes _____

_____

_____

_____

_____

_____

_____

_____

WATCHING LOG

Location _____ GPS _____

SUN	MON	TUES	WED	THURS	FRI	SAT

Date _____

Start Time _____ End Time _____

Weather

Temperature _____ Wind _____

Sightings _____

_____

Photo/Sketch

WATCHING LOG

Species _____   Quantity_____

Colors and Markings _____

_____

_____

_____

Habitat _____

Behavior_____

_____

_____

_____

_____

_____

Notes _____

_____

_____

_____

_____

_____

_____

_____

WATCHING LOG

Location _____ GPS _____

Date _____

Start Time _____ End Time _____

Weather

Temperature _____ Wind _____

Sightings _____

_____

Photo/Sketch

WATCHING LOG

Species _____   Quantity _____

Colors and Markings _____

_____

_____

_____

Habitat _____

Behavior _____

_____

_____

_____

_____

_____

Notes _____

_____

_____

_____

_____

_____

_____

_____

WATCHING LOG

Location _____ GPS _____

Date _____

Start Time _____ End Time _____

Weather

Temperature _____ Wind _____

Sightings _____

_____

Photo/Sketch

WATCHING LOG

Species _____   Quantity_____

Colors and Markings _____

_____

_____

_____

Habitat _____

Behavior _____

_____

_____

_____

_____

_____

Notes _____

_____

_____

_____

_____

_____

_____

_____

WATCHING LOG

Location _____   GPS _____

| SUN | MON | TUES | WED | THURS | FRI | SAT |

Date _____

Start Time _____   End Time _____

Weather

Temperature _____   Wind _____

Sightings _____

_____

Photo/Sketch

WATCHING LOG

Species _____   Quantity_____

Colors and Markings _____

_____

_____

_____

Habitat _____

Behavior _____

_____

_____

_____

_____

_____

Notes _____

_____

_____

_____

_____

_____

_____

_____

WATCHING LOG

Location _____   GPS _____

SUN	MON	TUES	WED	THURS	FRI	SAT

Date _____

Start Time _____   End Time _____

Weather

Temperature _____   Wind _____

Sightings _____

_____

Photo/Sketch

WATCHING LOG

Species _____   Quantity_____

Colors and Markings _____

_____

_____

_____

Habitat _____

Behavior _____

_____

_____

_____

_____

_____

Notes _____

_____

_____

_____

_____

_____

_____

_____

WATCHING LOG

Location _____ GPS _____

Date _____

Start Time _____ End Time _____

Weather

Temperature _____ Wind _____

Sightings _____

_____

Photo/Sketch

WATCHING LOG

Species _____   Quantity_____

Colors and Markings _____

_____

_____

_____

Habitat _____

Behavior_____

_____

_____

_____

_____

_____

Notes _____

_____

_____

_____

_____

_____

_____

_____

_____

WATCHING LOG

Location _____   GPS _____

SUN	MON	TUES	WED	THURS	FRI	SAT

Date _____

Start Time _____   End Time _____

Weather

Temperature _____   Wind _____

Sightings _____

_____

Photo/Sketch

WATCHING LOG

Species _____ Quantity_____

Colors and Markings _____

_____

_____

_____

Habitat _____

Behavior_____

_____

_____

_____

_____

_____

Notes _____

_____

_____

_____

_____

_____

_____

_____

WATCHING LOG

Location _____   GPS _____

SUN	MON	TUES	WED	THURS	FRI	SAT

Date _____

Start Time _____   End Time _____

Weather

Temperature _____   Wind _____

Sightings _____

_____

Photo/Sketch

WATCHING LOG

Species _____   Quantity_____

Colors and Markings _____

_____

_____

_____

Habitat _____

Behavior _____

_____

_____

_____

_____

_____

Notes _____

_____

_____

_____

_____

_____

_____

_____

WATCHING LOG

Location _____ GPS _____

| SUN | MON | TUES | WED | THURS | FRI | SAT |

Date _____

Start Time _____ End Time _____

Weather

Temperature _____ Wind _____

Sightings _____

_____

Photo/Sketch

WATCHING LOG

Species _____   Quantity_____

Colors and Markings _____

_____

_____

_____

Habitat _____

Behavior _____

_____

_____

_____

_____

Notes _____

_____

_____

_____

_____

_____

_____

WATCHING LOG

Location _____   GPS _____

SUN	MON	TUES	WED	THURS	FRI	SAT

Date _____

Start Time _____   End Time _____

Weather

Temperature _____   Wind _____

Sightings _____

_____

Photo/Sketch

WATCHING LOG

Species _____   Quantity _____

Colors and Markings _____

_____

_____

_____

Habitat _____

Behavior _____

_____

_____

_____

_____

_____

Notes _____

_____

_____

_____

_____

_____

_____

_____

WATCHING LOG

Location _____   GPS _____

Date _____

Start Time _____   End Time _____

Weather

Temperature _____   Wind _____

Sightings _____

_____

Photo/Sketch

WATCHING LOG

Species _____   Quantity_____

Colors and Markings _____

_____

_____

_____

Habitat _____

Behavior_____

_____

_____

_____

_____

_____

Notes _____

_____

_____

_____

_____

_____

_____

_____

WATCHING LOG

Location _____   GPS _____

SUN	MON	TUES	WED	THURS	FRI	SAT

Date _____

Start Time _____   End Time _____

Weather

Temperature _____   Wind _____

Sightings _____

_____

Photo/Sketch

WATCHING LOG

Species _____　　Quantity_____

Colors and Markings _____

_____

_____

_____

Habitat _____

Behavior _____

_____

_____

_____

_____

_____

Notes _____

_____

_____

_____

_____

_____

_____

_____

Printed in Great Britain
by Amazon

49684982R00068